MARIUS BATALLA

LE TORERO
GRAND D'ESPAGNE

ILLUSTRATIONS DE JEAN BATALLA

LA CORRIDA
16, RUE HAXO -:- MARSEILLE

MCMXXII

MARIUS BATALLA

LE TORERO

GRAND D'ESPAGNE

ILLUSTRATIONS DE JEAN BATALLA

LA CORRIDA
16, RUE HAXO -:- MARSEILLE

MCMXXII

DU MÊME AUTEUR

" MADRID " (Impressions de Voyage), 1 volume H. Peyrano ; Marseille, 1905 - *Épuisé.*

Pour paraître prochainement :

" SEMIDIOSES " (Roman du temps de Pepe Illo).

LE TORERO GRAND D'ESPAGNE

Conférence donnée à l'Union Tauromachique de Marseille

Mesdames, Messieurs,

Le Torero, Grand d'Espagne ? Parfaitement : Ne soyez pas étonnés si je lui décerne ce titre, encore qu'il me semble au-dessous de l'expression vraie et de mon sentiment personnel.

Qu'est-ce que le Grand d'Espagne ? C'est la figure incarnée, jusqu'à la fin du XVIIe siècle, par la noblesse nationale espagnole, grande de droit et de fait. Les nobles combattent dans les tournois, affrontent les taureaux, payent de leur poche les frais des réjouissances publiques, exposent enfin leur vie pour le seul plaisir de la gloriole. Si je puis m'exprimer ainsi, ils « monopolisent » le caractère espagnol par excellence. Au-dessus de cette noblesse, il n'existait rien; au-dessous, l'élément se considérait comme négligeable, subjugué et passif : c'était le peuple, — ce peuple qui allait être la surprise du lendemain.

Mais les Bourbons montent sur le trône d'Espagne et le tableau se modifie : cette glorieuse phalange de chevaliers s'abâtardit et se corrompt. Elle affiche soudain un beau mépris pour les jeux de l'arène. Affaire de mode, de décorum et d'amour-propre, prétendent les historiens à la solde d'un Charles II; simple question de pusillanimité, affirment des chroniques moins officielles, mais infiniment plus véridiques. Désormais, lances et estocs sont suspendus à la paroi, en panoplies, tels des reliques auxquelles il ne sera plus permis de toucher. C'est là que le peuple ira les chercher pour les faire siens. Ce n'est pas une transformation qui s'opère, mais un affranchissement et une révolution. La revanche du peuple se traduit par l'avènement du combattant populaire, autrement dit la figure professionnelle, — le *Torero*.

En quoi consistera donc ce caractère espagnol, éminemment national, et dont la manifestation dernière est venue se cristalliser dans la personnalité du torero?

Une figure existe, purement fictive, parce qu'issue de l'imagination d'un poète, qui synthétise avec une vérité singulière les qualités typiques de la race espagnole : c'est celle de Don Juan.

Sans doute, est-elle trop présente à l'esprit de la foule, pour qu'il soit nécessaire d'en retracer lė portrait. Et cependant... suis-je sûr que vous l'appréciez à sa valeur réelle? Depuis la physionomie créée par Tirso de Molina, jusqu'à cet « *homme à la rose* » — c'est l'appellation dernière — qui ne parle même pas en vers et se meut, rapetissé et mièvre, sur les planches du théâtre, entre les colonnes de carton d'une cathédrale pour rire — en passant par le chef-d'œuvre de Mozart —, que de transformations ne lui a-t-on pas fait subir! de combien de travestissements ne l'a-t-on pas affublé! En fin de compte, le nom est resté dans notre propre langue et la prononciation française lui est due. Pour nous donc, Français, comme pour bien d'autres, Don Juan restera surtout le séducteur, l'homme à femmes, l'amoureux à tous crins, — et pas autre chose. Or, combien plus complexe est son véritable type!

Don Juan est, dans toute l'acception que lui donne le mot espagnol traduit littéralement : un homme *splendide*.

Ce qu'il ne comprend pas, c'est l'intérêt étroit et mesquin, le souci pécuniaire, la valeur de l'argent. Il dépense sans compter; sa bourse est ouverte à tous. Il tire l'épée pour le plaisir, pour la joie de ferrailler quelque peu dans une querelle, ou pour les beaux yeux d'une dame; — et il collectionne les conquêtes amoureuses. Il n'admet point qu'il puisse y avoir des pauvres autour de lui; à leur bénéfice, il dévalisera les riches après s'être dépouillé lui-même. C'est un Don Quichotte seconde manière. A l'instar du héros de Cervantes, il se compose une morale personnelle qui n'est point exempte de reproches, car s'il paie son écot dans les hôtelleries lorsqu'il a la bourse pleine, il exige qu'on le serve gratuitement s'il se trouve désargenté. La foule, flattée, a couvert de son indulgence ces principes discutables. Si elle a fait de ce prototype un idéal national, c'est que, sans oser se l'avouer à elle-même, elle se reconnaît dans cet idéal. Tous les Espagnols qu'ils le veuillent ou non, se sentent un peu des Don Juan. Ils prennent à leur actif les qualités et passent condamnation sur les vices.

Dans le spectacle de la course de taureaux, spectacle avant tout « national », il coule de source que le protagoniste, c'est-à-dire le torero, doive être la représentation du type national. Plus le torero offrira de ressemblance avec la figure de Don Juan, considérée comme modèle, et plus grande sera l'influence qu'il prendra dans la faveur publique, cet arbitre souverain avec lequel les combattants devront compter deux fois, car c'est lui seul, et non un autre, qui fait et qui défait les renommées.

Il faut donc voir de près les qualités de base, les énumérer, contrôler leur adaptation à la personne du torero.

L'énumération est courte :

L'indépendance de caractère ;
La bravoure ;
Le point d'honneur ;
L'ascendant sur la foule ;
Le désintéressement.

Que ferons-nous donc de la science du combattant, de sa technique professionnelle proprement dite?

Un axiome se pose, qui résume toute mon argumentation : « Le Torero vaut par son type.

son prestige, l'ascendant de sa sympathie; sa valeur professionnelle ne vient qu'après. » Depuis Francisco Romero, premier torero salarié, jusqu'à nos jours, cette règle n'a pas trouvé de démenti. Le torero appartient à la foule qui voit en lui la personnification d'un idéal, l'exaltation de son propre type; — et la foule se préoccupe très secondairement, en réalité, du plus ou moins de science qu'il apportera dans la lutte. Sinon, écoutez Pascual Millan parler de Lagartijo :

> « Transformez Lagartijo en un homme avare, « mesquin, de sentiments terre à terre, et augmentez encore, si faire se peut, ses mérites professionnels : les sympathies universelles qui « l'entourent, n'auront plus de raison d'être. Ce « sera, certes, un grand torero au sens étroit du « mot ; mais il figurera dans la piste à la façon « d'un fantôme. Il ne sera plus le héros populaire. »

***

Voyons à présent la correspondance, chez le torero, de chacune des qualités de Don Juan :

D'abord, l'indépendance de caractère : le Don Juan de la légende ne connaissait guère de maîtres; il lui répugnait de se plier à une règle. José

Delgado — Pepe Illo — semble s'en être souvenu lorsque le roi Charles III daigne le faire pressentir personnellement, en vue d'une course dont le produit doit aller aux hospitalisés de la province de Madrid. Et Pepe Illo, qui se trouve à Cadix, de répondre : « Ma femme est malade. Si c'est pour les pauvres, je pars tout de suite; si c'est pour le roi, je reste à la soigner ». Indignation des Ministres. « Sire, s'écrie le comte d'Aranda, ces gens-là se moquent de Votre Majesté ». « Vous avez peut-être raison, observe Charles III en souriant; mais c'est du bon orgueil d'Espagne, ou je ne m'y connais pas. »

Ensuite, la bravoure. Oh! sur ce thème, les exemples ne manqueront pas. Le livre d'or de la tauromachie est, Dieu merci, un gros volume qu'il suffit d'ouvrir à n'importe quelle page.

Il y a, si l'on veut, deux bravoures : la bravoure simple, sans apparat, celle de l'homme se sachant brave et répondant à point aux calomnies par un mot à l'emporte-pièce. Tel était Manuel Dominguez.

La dernière course de sa longue carrière, à Malaga, coïncidait avec l'inauguration de la nouvelle plaza construite dans cette ville. Curieux symbole que ce rapprochement : un cirque qui s'élève, un torero qui s'en va. Manuel Dominguez était vieux et usé et ses plus fervents amis eux-mêmes ne cachaient pas leurs appréhensions sur l'issue de cette dernière apparition. Dans la ville, des racontars circulent, colportés par de mauvaises langues ; ils parviennent aux oreilles de l'impresario qui s'en émeut et va trouver Dominguez, la veille de la course. « J'ai là une voiture, lui dit-il, et puisque vous ne connaissez pas la nouvelle plaza de toros, sans doute vous sera-t-il agréable que je vous la fasse visiter. » Dominguez accepte. Lorsqu'ils arrivent dans la piste, l'impresario demande au torero s'il n'observe rien d'anormal, et, sur sa réponse négative, il lui dit, l'air embarrassé : « C'est que, voyez-vous, on raconte partout que vous ne pouvez plus sauter la barrière et que vous exigez que l'on dispose, de distance en distence, des garages en planches pour que vous puissiez vous y abriter au besoin. Or, je trouve que cela enlaidirait le cirque ». Le torero l'interrompt : « Celui qui a dit cela, s'écrie-t-il, a menti. Pour moi, je me moque bien des barrières ! vous pouvez les monter jusques au ciel, si bon vous semble ». Et le lendemain, sans qu'il ait eu à abandonner une seule fois le sol de la piste, ce sexagénaire indomptable, borgne, obèse, rhumatisant : une épave, se défit de ses deux adversaires par autant de magnifiques estocades, l'une d'elles « à taureau reçu ».

L'autre exemple de bravoure, brutale et théâtrale celle-là, nous est fourni par l'Espartero ; — Espartero qui, à Séville, secoué d'importance par un taureau, plusieurs côtes brisées, la poitrine en sang, refuse d'aller se faire panser avant que son adversaire ne soit tombé. Une amende de 200 pesetas lui est infligée de ce fait. Elle fut payée, à raison d'un sou par tête, par 4.000 de ses admirateurs.

J'arrive au point d'honneur, cette seconde religion du torero, cet excès d'amour-propre véritablement extraordinaire, si l'on songe qu'il s'applique à des hommes frustes, agissant presque uniquement d'instinct et hors de pensée.

L'occasion est donnée à José Redondo, le Chiclanero, la veille d'une course à Malaga, de voir, parqués dans un enclos, les taureaux qui lui sont destinés. Ils n'ont point, à son avis, l'âge réglementaire. S'adressant à l'impresario, il lui annonce qu'il reprend le soir même la diligence de Séville. « Mais vous n'y pensez pas, fait le bonhomme, — et ma course qui est annoncée pour demain? » « Je le regrette, réplique le torero, José Redondo n'est pas matador de *novillos* ». Et il fit comme il avait dit.

En 1885, Frascuelo vient à Nîmes, — et c'est un événement. Hélas, les espoirs des aficionados d'alors furent vite déçus : gravement blessé dès le début, le maître doit charger son frère d'expédier toute la course. Encore convalescent, l'*espada* reçoit la visite d'un admirateur madrilène qui lui adresse de vifs reproches : « Comment ! un homme comme toi, Frascuelo, tu vas faire ainsi le téméraire dans une ville française; tu t'exposes inutilement devant des *amateurs* qui n'y connaissent rien ! Garde ce trop plein de bravoure pour Madrid, pour les dures luttes aux côtés de Lagartijo. » Frascuelo réplique : « Ecoute ; on me paie à Madrid et l'on me paie à Nîmes. En France comme en Espagne, il faut que j'en donne à chacun pour son argent. »

Et puis, plus près de nous, l'exemple d'Antonio Fuentes, de cet homme dont je pourrais dire, si le mot n'était pas trop cruel, qu'il se fit un tremplin de la mort d'Espartero. Ah ! ce jour-là, la panique, ce mauvais génie des toreros, planait sur le cirque et elle avait, ma foi, beau

Jean Batalia
Joseph

jeu. Il fallait savoir surmonter sa douleur, être un combattant pour tout de bon, plus qu'un combattant encore : se révéler un chef, imposer son autorité. Antonio Fuentes le comprit. Il gagna, dans cet après-midi néfaste, des sympathies et des lauriers qui ne devaient plus lui être ôtés.

* * *

Restent les deux qualités finales, les deux dons, plutôt, sans lesquels les autres ne comptent guère, car ils les résument, les complètent, les harmonisent : Le désintéressement, l'ascendant sur la foule. Le désintéressement surtout, principe de l'engouement populaire. Pascual Millan disait :

> « Quand un peuple couvre un homme de bravos pendant près d'un demi-siècle ; quand il l'encense, quand il exalte ses triomphes, sans que jamais son enthousiasme ne s'amoindrisse, c'est qu'il y a chez cet homme quelque chose d'exceptionnel qui subjugue les masses et les domine, qui entraîne de force derrière lui les volontés et la pensée. »

C'est que la passion de la foule, son idolâtrie pour tel ou tel individu, telle ou telle figure d'artiste, procèdent bien rarement d'une base erronée. Il y a quelque chose d'infaillible dans la prescience de la multitude; elle se sent guidée, d'emblée, vers le sentiment le plus noble. Au-dessus de la bravoure, au-dessus de l'amour-propre professionnel, la foule place les qualités du cœur, — la générosité, la bonté. Voyez le « Tato », d'universelle renommée, dont la popularité est restée légendaire : un taureau l'inutilise à tout jamais ; on lui coupe la jambe et il en est réduit, pour vivre, à solliciter un emploi de concierge à l'abattoir de Séville. Il avait gagné des fortunes; mais tout son argent, quinze ans durant, était allé aux pauvres. Frascuelo mourut dans la gêne; Lagartijo, quoi qu'on en ait dit, ne laissa presque rien. Comment s'en étonner ! Lorsque ces hommes touchaient les émoluments d'une corrida, ceux de la course précédente étaient déjà dissipés ! Nous reconnaissons bien là le vrai Don Juan !

Et Mazzantini que j'oubliais. Eh oui, Mazzantini; que personne ne s'en étonne. Ma citation n'est pas une concession à l'époque moderne, mais l'expression d'un hommage mérité. Mazzantini se trouve à Bilbao, et, en fin de course, sans prendre le temps de quitter son costume de torero, il se met dans le train, en route pour Séville, prêt à apporter son concours aux fêtes données au profit des sinistrés d'Andalousie. De là, et dans la même intention, le voilà reparti pour Saragosse. Les télégrammes qui le précèdent sont connus; il faut les relire et s'en souvenir, car ces choses sont de l'histoire : « Mes conditions, les vôtres. Pas d'honoraires. Les frais de mes hommes à ma charge. Les taureaux que vous voudrez. »

* * *

Une autre forme de la popularité propre au torero, c'est le côté sentimental, la part faite à l'aventure romanesque, conséquence directe de l'irrésistible séduction qu'il exerce. L'identité sera bien complète, cette fois, avec le Don Juan du poète.

Pepe Illo — déjà nommé, — vantard, téméraire, prétentieux, prend dans l'histoire une part plus grande encore que Pedro Romero, pourtant créateur génial, initiateur de jeux hardis et savants. C'est que l'un est Pedro Romero tout court, tandis qu'il y a matière à vingt romans avec les seules intrigues dont fourmille l'existence mouvementée de Pepe Illo. Trouve-t-on l'exemple bien vieillot et, par cela même, entaché de suspicion ? Bon ! citons alors

Cayetano Sanz, plus récent, pour les faveurs duquel de grandes dames engagaient, de loge à loge, de véritables duels — allant jusqu'au scandale de l'enlèvement du torero en plein public, à la sortie de la plaza ! Est-ce encore trop ancien ? Alors, je vous rappellerai Reverte.

Reverte, la plupart d'entre vous l'ont connu. Combattant probe, physionomie séduisante dans la plaza et hors de la plaza, il s'en allait vers les taureaux avec une cape taillée sur le patron des manteaux de parade et une muleta qui ressemblait à un mouchoir. Lui aussi ajouta sa petite page à la grande histoire de l'Espagne romantique et chevaleresque. Il est encore question, à Biarritz et à Bayonne, de certaine idylle pittoresque et significative. Je cite une chronique du moment, c'est-à-dire vers **1902**, quelques années avant sa mort. Nous sommes sur la terrasse du Casino de Biarritz, la veille d'une course à Bayonne :

> « ... Au moment où l'animation battait son « plein, Reverte traversa la grande galerie du « Casino. Il portait le costume de ville classique « et simple : boléro court, large chapeau, gilet « ouvert et pantalon à taille. Sur le plastron de « chemise, quelques brillants ; aux doigts, des « bagues volumineuses. Il parut, et, dès lors, il « ne fut plus question que de lui. Les contredan-

« ses s'arrêtèrent ; les dames suspendirent leurs « papotages ; toute la terrasse au grand complet « se transporta dans la galerie pour admirer ce « beau brun, à la physionomie fine, au type si « purement andalou, qui s'en allait jouer sa vie, « le lendemain, en plaza de Bayonne. Et parmi « cette multitude de femmes, la plupart de haute « lignée, habituées à plier sous leur joug magnats « et princes, une dame se détacha qui paraissait « réunir la beauté et la richesse de toutes les « autres. Elle ne cherchait qu'une chose : obtenir « un sourire de cet homme. Elle l'obséda, multi- « plia les assiduités, alla jusqu'à mendier un « rendez-vous, — et, pour un instant, on vit revi- « vre à Biarritz la légende amoureuse du torero « espagnol, cette légende du Don Juan et du « Pepe Illo de jadis, que l'on croyait pour tou- « jours effacée.... » (1)

***

La possession complète et à un égal degré, par le torero, des qualités dont je viens de vous parler, est évidemment chose rare. En tout cas, l'ascendant sur la foule, et, soit comme conséquence directe, soit réciproquement comme cause essentielle, la libéralité, sont des critères qui ne peuvent être négligés. Sans popularité, pas de torero possible. Méconnaître cet élément est une

(1) PASCUAL MILLAN ; *Trilogia Taurina* : tome I « *Reverte* »

maladresse. Prétendre sciemment s'en passer est pure démence. A le vouloir, un torero joue son nom, sa renommée, toute son histoire.

Lagartijo et Frascuelo retirés, Espartero mort, Fuentes encore néophyte, un torero extraordinaire demeura seul maître du cirque. Il s'appelait Guerrita. Il réunissait, chose unique et sans précédent — Gallito n'était pas né, — la sûreté du matador, la clairvoyante science du torero. Aucune rivalité n'était possible. Dans cette situation exceptionnelle, Guerrita crut, erreur fatale, que la foule lui céderait le pas, qu'elle suivrait sa volonté et marcherait dans son sillage. Cette bouffée d'orgueil, l'affirmation d'une fatuité si insolemment personnelle, la préoccupation outrancière et égoïste de son intérêt propre, tout cela écourta simplement sa carrière de dix ans. Vous connaissez l'histoire :

On est en 1895 et Guerrita se trouve dans la plénitude de son talent. Une catastrophe, soudain, vient endeuiller l'Espagne : le cuirassé *Reina Regente* se perd corps et biens. Des marins meurent par centaines, laissant veuves et orphelins. Il s'agit de venir en aide à ces malheureux. Des secours s'organisent; des représentations de bienfaisance se projettent. On pense, naturellement, à une course de taureaux à Madrid, — et l'on dit : « Guerrita est indispensable; avec Guerrita la plaza se remplira; c'est le maximum de recette assuré. » Le Maire de Madrid brave le protocole et télégraphie à l'*espada*, à Cordoue, le suppliant, en raison des circonstances, d'apporter son concours inconditionnel. Et Guerrita, dans un télégramme tristement célèbre, répond sèchement : « Je ne veux pas ».

C'était le défi au public et à la charité. Une telle chose se voyait en Espagne pour la première fois. L'espada, dans un moment de folie orgueilleuse, avait cru pouvoir dicter ses volontés à la multitude ; ce fut la multitude qui lui répondit à son tour : « A votre aise; mais restez chez vous. » L'inexorable résultat, vous le connaissez : la retraite cinq ans plus tard; — cinq ans de calvaire pour le matador. La retraite en pleine force, en plein épanouissement de science tauromachique. Implacable leçon venant péremptoirement démontrer que le torero dépend de la foule et que cette dernière, toujours prête à pardonner une mauvaise estocade ou un moment de défaillance professionnelle, se faisait impitoyable quand il s'agissait simplement de montrer que l'on avait du cœur.

Si j'ai insisté, outre mesure peut-être, sur l'influence capitale, dans la physionomie du torero, de l'élément Bonté et Générosité, c'est parce que cet élément représente notre meilleure arme, la plus pure, contre nos détracteurs. J'évoquerai volontiers, maintenant, votre sensation la plus récente au sens tauromachique, celle se rattachant à la dernière course intégrale donnée dans les Arènes de Nîmes. Ne suis-je pas dans le vrai en affirmant que ce jour-là, à l'instant de l'apparition des cuadrillas, vos applaudissements les plus chaleureux, les plus « affectueux », puis-je dire, sont allés à ceux d'entre les toreros que vous saviez s'être montrés plus libéraux, plus splendides, dans l'abandon de leurs émoluments en faveur d'une œuvre de bienfaisance..... et sans doute devrais-je terminer sur cette impression consolante entre toutes, si je ne lisais dans vos yeux, je ne dirai pas un reproche, mais une objection bien compréhensible, à laquelle je veux répondre.

Vous vous demanderez si, en évoquant votre Aficion, je conserve ces illusions dont d'autres précédentes conférences semblaient vouloir vous détourner. Si j'admets que les toreros d'aujourd'hui puissent posséder les typiques qualités indispensables et prendre place aux côtés de

Jean Batalta

leurs aînés, c'est qu'alors la décadence n'existe pas ? Non ! la décadence existe ; il ne sert de rien de se le dissimuler. Tous, vous savez à quoi vous en tenir ; aussi bien les vieilles barbes que les nouveaux venus : ceux-là parce qu'ils ont vu, ceux-ci parce qu'ils ont écouté. La décadence existe ; elle est chaque jour plus flagrante..... mais ce qui reste du spectacle tauromachique est encore suffisamment beau, et au delà, pour légitimer votre enthousiasme. Ne cherchons pas à nous en défendre. Il suffit que nous voyions, placardée sur les murs, l'annonce d'une course intégrale, pour qu'à tous, l'antique émotion nous revienne. C'est ainsi : aussi longtemps que les alguazils de Philippe IV, éternels symboles, conduiront les cuadrillas à la Présidence, aussi longtemps vous ressentirez le frisson sacré. Donnons à ce sentiment toute la signification qu'il comporte : l'orgueil d'une fraternité qui se passe de convention et de frontières ; la communion des races latines dans le même idéal d'Art et de Beauté. Les toreros d'à présent ne peuvent-ils vraiment se hausser au niveau du spectacle ? eh bien, ce sera le spectacle, indulgent, qui s'abaissera jusqu'à eux. La cape dont ils s'enveloppent n'est pas seulement l'oripeau de parade, c'est quelque chose d'infiniment plus grand : le manteau doré de la Légende, dissimulant leur petitesse. Cette Légende qui les maintient coûte que coûte sur le piédestal où elle les a placés, en les imposant à l'admiration des peuples comme les héritiers d'un prestigieux passé, comme les derniers Grands d'Espagne quand même, et malgré tout !

FIN

23 Avril 1921.

Jean Batalla

Sorti
des presses
de
l'IMPRIMERIE
MÉRIDIONALE

www.ingramcontent.com/pod-product-compliance
Ingram Content Group UK Ltd.
Pitfield, Milton Keynes, MK11 3LW, UK
UKHW022141260726
13993UKWH00005B/2079